Christina Kleiner-Röhr

VOLLWERTGEBÄCK
pikant & süß

Neue Rezepte für
Brote & Brötchen
Kuchen & Torten
aus frisch gemahlenem Getreide

HÄDECKE VERLAG

ISBN 3-7750-0181-6

Fotos: Studio l'Eveque, Harry Bischof, München.

Foodstyling: Axel Dreher.

Gesamtherstellung: Bosch-Druck, Landshut, 1988.

Inhaltsverzeichnis

Tips aus meiner Backstube 7

Gutes zum Füllen und Verzieren 11

Brote 13

Brötchen und pikante Kleinigkeiten 27

Torten 31

Kuchen, die es in sich haben 58

Kleingebäck und Törtchen 70

Rezepte von Ananastorte bis Zitronenschnitten 94

Tips aus meiner Backstube

Äpfel und Birnen werden nach dem Kleinschneiden leicht braun. Wenn sie sofort mit Zitronensaft beträufelt oder mit Vitamin-C-Pulver bestreut werden, bleiben sie hell.
Bräunt das Gebäck während des Backens zu rasch, dann decken Sie es mit **Alufolie** ab.
Das **Ausrollen** von Teig (besonders von fettigem Teig) geht leichter, wenn Sie den Teig zwischen zwei Bogen Backpapier oder Klarsichtfolie legen.
Es empfiehlt sich, vor dem **Backbeginn** alle Zutaten und Geräte bereitzustellen.
Die **Backbleche und -formen** sollten immer zuerst vorbereitet werden. So ergibt sich nach der Fertigstellung des Teiges keine Verzögerung vor dem Backen.
Die Backformen, die ich in diesem Buch verwendet habe, haben folgende Abmessungen:
Kastenform, Länge 22 cm, Breite 12 cm
Gugelhupfform, Durchmesser 18 cm
Springform, Durchmesser 24 cm
Die Formen sind aus Weißblech. Verwenden Sie andere, z. B. beschichtete Backformen oder Glas- bzw. Keramikformen, ändert sich die Backzeit.
Wenn im Rezept nicht ausdrücklich andere Formen angegeben sind, beziehen sich die Zutaten auf die oben genannten Maße.
Meine **Springform** bereite ich folgendermaßen vor:
Ich stelle sie auf Backpapier (Backtrennpapier), zeichne mit einem Bleistift den Umfang auf und schneide das Papier aus. Dann fertige ich zwei Papierstreifen, etwas länger als der halbe Umfang, und 4 cm breiter als der Rand hoch ist. Die Papierstreifen werden im Abstand von etwa 2 cm auf einer Seite schräg geschnitten.

Sodann drücke ich diese an den gefetteten Springformrand — die eingeschnittene Kante liegt auf dem Boden. Darauf lege ich den Papierboden. So ergeben sich beim Herausnehmen des Kuchens keine Probleme.
Das wichtigste Gerät beim Backen ist der **Backofen.** Doch kein Backofen ist wie der andere, deshalb empfehle ich Ihnen, die **Temperatureinstellung** und die **Backzeit** entsprechend den eigenen Erfahrungswerten zu korrigieren und bei den Rezepten zu notieren. Bei Elektro- und Gasherden kann nur ein Blech zum Backen eingeschoben werden. Anders ist das bei Heißluft- (Umluft-) herden, bei denen sich durch einen Ventilator die Wärme gleichmäßig verteilt.
Alle Rezepte in diesem Buch sind in einem Heißluftofen gebacken. Mehrere Bleche gleichzeitig zu backen, bietet sich vor allem bei Kleingebäck an. Ist nur ein Blech erforderlich, schiebe ich es in die mittlere Schiene.
Biobin (Johannisbrotkernmehl) ist ein ausgezeichnetes Bindemittel. Ich füge gern dem Eiweiß und der Schlagsahne etwas hinzu — dann fallen die Schaummassen nicht so schnell zusammen.
Eischnee mit einem Schneebesen oder Backspatel immer vom Rand der Backschüssel durch die Teigmasse ziehen — nicht rühren! So wird der Teig schaumiger.
Ein **Hefewürfel** wiegt 42 g (es gibt auch andere Verpackungseinheiten, dann bitte darauf achten!). Frischhefe ist der Trockenhefe vorzuziehen. Haben Sie gerade keine Frischhefe im Haus, so genügt 1 Päckchen Trockenhefe für 500 g frischgemahlenen Weizen (oder 1/2 Frischhefewürfel).
Als **Honig** verwende ich beim Backen und für die Herstellung von Marzipan den dickflüssigen Blütenhonig.

Bei einigen Rezepten gebe ich **Honigschokolade** an. Diese ist im Reformhaus erhältlich. Sie können sich aber auch mit einer Mischung aus Kakao und Honig behelfen.
Da ich für mein Gebäck sehr viele **Mandeln** verwende, habe ich folgenden Trick beim Häuten: Die gebrühten Mandeln schütte ich auf ein Frotteetuch, rolle dieses zusammen und rubble die Haut ab.
Marzipan gehört zu meinem ständigen Vorrat. Da es mit Honig hergestellt wird, trocknet es nicht aus und bleibt länger frisch.
Mehl verwende ich nur frisch gemahlen. Weizen, Roggen und Dinkel sind die am häufigsten verwendeten Mehlsorten in diesem Buch.
Wenn Sie sich nicht ganz sicher sind, ob ein Gebäck gar ist, auf jeden Fall aber nach dem Ende der angegebenen Backzeit, sollten Sie die **Stäbchenprobe** machen. Stecken Sie ein Holzstäbchen, z. B. einen Schaschlikspieß, in die Mitte des Kuchens. Bleiben keine Teigspuren am Holzstäbchen hängen, ist der Kuchen fertig. Hat die Stäbchenprobe ergeben, daß der Kuchen noch einige Minuten nachbacken muß, die Oberfläche aber bereits gut gebräunt ist, legen Sie zum Weiterbacken Alufolie auf den Kuchen.
Das **Stürzen** von Kuchen aus der Form auf das Kuchengitter geht leichter, wenn Sie das Gitter auf die Form legen, sodann Form und Gitter mit einem Küchentuch fassen und mit Schwung umwenden.
Zitronen und Orangen, deren Schalen verwendet werden sollen, müssen unbedingt ungespritzt sein.
Die **Zubereitungszeit** bei den Rezepten versteht sich immer ohne Ruhezeit des Teiges.

Gutes Gelingen wünscht Ihnen

Christina Kleiner-Röhr
Sonnenschlößchen
Poststraße 27
D-7264 Bad Teinach
Telefon 07053/8366

Mengen, Maße und Gewichte

kg Kilogramm
g Gramm
1 Teel. 1 Teelöffel (ca. 5—6 Gramm)
1 Eßl. 1 Eßlöffel (ja nach Masse 10—20 g)
1 Eßl. Mehl 10 g
1 Eßl. Sahne 20 g
1 Würfel Hefe 42 g
1 Päckchen Backpulver 15 g

GUTES ZUM FÜLLEN UND VERZIEREN

Honigmarmelade

Zutaten:
1 kg Orangenfleisch
oder andere Früchte
200 g Blütenhonig
Saft und Abrieb von 1 Zitrone

Zubereitung:
Die Orangen oder andere Früchte im Mixer pürieren und in einem Topf bei kleinster Wärmezufuhr (oder im Backofen bei 100° C) 6 Stunden eindicken lassen. Kalt stellen und danach mit dem Honig, Saft und Abrieb der Zitrone vermengen.

Honigmarzipan

Zutaten:
150 g geschälte, feingemahlene Mandeln
75 g Blütenhonig

Zubereitung:
Die Mandeln mit dem Honig in einer Küchenmaschine solange rühren, bis sich ein Kloß gebildet hat.
Das Honigmarzipan läßt sich durch verschiedene Geschmackszugaben (z. B. Kakao) beliebig verändern. Haben Sie keine Mandeln im Haus, so können Sie auch feingemahlene Haselnüsse verwenden.

BROTE

Apfelbrot

Zutaten für 2 Brote:
750 g Äpfel
3 Eßl. Zitronensaft
100 g Honig
250 g Rosinen
150 g ganze Haselnüsse
100 g gemahlene Haselnüsse
2 Eßl. Rum
1 Teel. Zimt
500 g frischgemahlener Weizen
1 Würfel Hefe
etwas lauwarmes Wasser

Für die Form:	etwas Butter, gemahlene Haselnüsse
Zum Bestreichen:	1 Eiklar
Zum Bestreuen:	gemahlene Haselnüsse oder Mandelblättchen
Zubereitungszeit:	20 Minuten
Backzeit:	90 Minuten bei 180° C

Zubereitung:
Die ungeschälten Äpfel in feine Scheiben raspeln und in einer Schüssel mit dem Zitronensaft, dem Honig, den Rosinen, den Haselnüssen, dem Rum und dem Zimt gut vermengen.
1 Stunde ruhen lassen.

Danach den Weizen und die in dem lauwarmen Wasser aufgelöste Hefe unter die Masse kneten und den Teig 1 weitere Stunde an einem warmen Ort gehen lassen.
2 Kastenformen ausbuttern und mit gemahlenen Haselnüssen bestreuen.
Aus dem gegangenen Teig zwei gleich große Rollen formen, diese in die Kastenformen setzen und darin nochmals solange gehen lassen, bis sich das Teigvolumen um 1/3 vergrößert hat.
Die Brote mit Eiklar bestreichen und mit Haselnüssen oder Mandelblättchen bestreuen.
Die Brote bei 180° C auf der mittleren Schiebeleiste des Backofens ca. 1 1/2 Stunden backen.

Bananenbrot, Seite 16 und Dinkelbrot, Seite 17. ▷

Bananenbrot

Zutaten:
100 g Butter
150 g Blütenhonig
2 Eigelb
2 Eiklar
3 reife Bananen
2 Eßl. saure Sahne
240 g frischgemahlener Weizen
100 g frischgemahlene Haselnüsse
1 1/2 Teel. Backpulver

Für die Form:	Butter und gemahlene Haselnüsse oder Mandelblättchen
Zum Bestreichen:	1 Eiklar
Zum Bestreuen:	Mandelblättchen
Zubereitungszeit:	25 Minuten
Backzeit:	60 Minuten bei 170° C

Zubereitung:
Die Butter mit der Hälfte des Honigs und den nacheinander zugegebenen Eigelb cremig rühren. Die Eiklar mit dem restlichen Honig steif schlagen. Die Bananen pürieren.
Die Creme mit dem Eiklar, den pürierten Bananen, der sauren Sahne, dem Weizen, den Haselnüssen und dem Backpulver vorsichtig vermengen.
Die Masse in eine vorbereitete Kastenform füllen, mit Eiklar bestreichen und mit Mandelblättchen bestreuen.
Das Bananenbrot auf der mittleren Schiene bei 170° C ca. 1 Stunde backen.

Dinkelbrot

Zutaten für 4 Brote:
3 kg frischgemahlener Dinkel
60—75 g Meersalz
3 Würfel Hefe
2 l Wasser
300 g Leinsamen oder Sonnenblumenkerne

Für die Form: etwas Butter

Zum Bestreichen: 1 Eiklar

Zubereitungszeit: 10 Minuten

Backzeit: 45 Minuten bei 200° C

Zubereitung:
Aus allen Zutaten einen Teig bereiten.
Der Teig sollte ziemlich feucht sein, sich aber als Kloß von der Schüssel lösen.
Mit Mehl bestreuen und solange gehen lassen, bis sich die Menge verdoppelt hat. Das kann je nach Raumtemperatur 1—2 Stunden dauern.
Den Teig in gefettete Formen geben, mit Eiklar bestreichen, den Backofen auf 200° C vorheizen und die Brote ca. 3/4 Stunde auf der mittleren Schiene backen.

Tip:
Eine Tasse Wasser mit in den Backofen stellen, dann trocknen die Brote auf der Oberfläche nicht aus.

Fladenbrot

Zutaten für 8 Fladen:
500 g frischgemahlener Roggen
500 g frischgemahlener Dinkel oder Weizen
1/2 Würfel Hefe
ca. 1 l Wasser
100 g Sauerteig
3 Eßl. Kräutersalz
1 Eßl. gemahlener Kümmel
1 Eßl. gemahlener Koriander

Für die Bleche: Backpapier

Zum Bestreichen: etwas Wasser

Zum Bestreuen: etwas Mehl

Zubereitungszeit: 10—15 Minuten

Backzeit: 30 Minuten bei 200° C

Zubereitung:
Das frischgemahlene Getreide in eine Schüssel sieben und in die Mitte eine Vertiefung drücken. Die Hefe hineinbröckeln, mit etwas lauwarmem Wasser auflösen und mit etwas Mehl verrühren. Den Vorteig an einem warmen Ort ca. 20 Minuten gehen lassen.
Dann den Sauerteig, die Gewürze und das restliche Wasser hinzugeben und alles gut verkneten, bis sich der Teig von der Schüssel löst. Wieder 20 Min. gehen lassen.
Den Teig in 8 gleich große Stücke teilen.
Die Stücke ausrollen und zu Fladen formen. Nochmals gehen lassen und auf die vorbereiteten Bleche setzen.
Die Fladen mit Wasser bestreichen, mit Mehl bestreuen und rautenförmig einschneiden.
Im Backofen auf der zweiten Schiene von unten bei 200° C etwa 30 Minuten backen.

Knäckebrot

Zutaten für etwa 3 Bleche:
250 g frischgemahlener Hafer
250 g frischgemahlene Gerste
1/2 l Wasser
1/4 l Dickmilch
3 Eßl. Öl
1 Teel. Kräutersalz

Für die Bleche: Backpapier

Zum Bestreichen: 2 verquirlte Eier

Zum Bestreuen: etwas Sesam

Zubereitungszeit: 30 Minuten

Backzeit: 45 Minuten bei 190° C

Zubereitung:
Den Hafer, die Gerste, das Wasser, die Dickmilch, das Öl und das Kräutersalz zu einem Teig verkneten. Diesen 45 Minuten im Kühlschrank ruhen lassen. Den Teig auf zwei mit Backpapier ausgelegten Blechen dünn verstreichen, mit dem Ei bepinseln und mit Sesam bestreuen.
Auf der mittleren Schiene bei 190° C ca. 45 Minuten backen.
Nach 20 Minuten Backzeit die Teigplatte umdrehen, das Backpapier abziehen, mit einem Teigrad rechteckige Knäckebrotscheiben ausrädeln, diese mit Ei bestreichen, mit Sesam bestreuen und weitere 25 Minuten backen.

▷

Gut gefüllte Brotkörbchen: Pariser Brot, Sonnenschlößchen Art, Seite 22 (links), Knäckebrot, Rezept siehe oben, Fladenbrot, Seite 18 und Dinkelbrot mit Sesam, Seite 17 (rechts).

Pariser Brot, Sonnenschlößchen-Art

Zutaten:
500 g frisch gemahlener Dinkel
1/2 Würfel Hefe
3/8 l lauwarmes Wasser
1 Teel. Kräutersalz

Für die Bleche: Backpapier

Zum Bestreichen: Wasser

Zubereitungszeit: 20 Minuten

Backzeit: 30 Minuten bei 220° C

Zubereitung:
Den Dinkel in eine Schüssel geben, in die Mitte eine Vertiefung drücken und die Hefe hineinbröckeln. Die Hefe mit dem Wasser und ein wenig Dinkel verrühren und zugedeckt an einem warmen Ort gehen lassen.
Das Salz auf den gut durchgewärmten Dinkel streuen und alles zu einem glatten Teig vermengen. Den Teig schlagen, bis er Blasen wirft und sich vom Schüsselrand löst.
Den Teig mit etwas gemahlenem Dinkel bestreuen und zugedeckt an einem warmen Ort 30 Minuten gehen lassen. Danach den Teig auf einer mit gemahlenem Dinkel bestreuten Fläche nochmals kurz durchkneten und in drei Stücke teilen.
Aus jedem Teil eine Rolle formen und die Rolle mit der Nahtstelle, die beim Formen entsteht, nach unten auf ein mit Backpapier ausgelegtes Blech legen. Die Rollen zugedeckt noch einmal 15 Minuten gehen lassen.
Den Backofen auf 250° C vorheizen, die Rollen mit einem scharfen Messer mehrmals schräg einschneiden

und mit lauwarmen Wasser bestreichen.
Auf der mittleren Schiene bei 220° C ca. 30 Minuten backen.

Toast

Zutaten:
500 g frischgemahlener Weizen
1 Würfel Hefe
1/8 l Sahne
1/8 l Wasser
30 g Butter
1 Teel. Salz
1 Ei

Für die Form: etwas Butter

Zum Bestreichen: 1 Eiklar

Zubereitungszeit: 10—15 Minuten

Backzeit: 35 Minuten bei 200° C

Zubereitung:
Aus allen Zutaten einen Teig herstellen, diesen gut kneten und 30—40 Minuten gehen lassen. Den Teig nochmals kneten, zu einer Rolle formen, in eine gefettete Kastenform geben und mit Eiklar bestreichen.
Zugedeckt noch 15 Minuten gehen lassen.
Bei 200° C ca. 35 Minuten auf der mittleren Schiene backen.

▷

Verschiedene Brötchen, Rezepte ab Seite 27 und Käseschnecken, Seite 30.

Weizen-Roggenbrot

Zutaten für 2 Brote:
400 g frischgemahlener Roggen
600 g frischgemahlener Weizen
100 g Sauerteig
1 Eßl. Kräutersalz
1 Teel. Honig
1 Eßl. Kümmel
1 Würfel Hefe
3/4 l Wasser

Für 2 Kastenformen: Butter

Zum Bestreichen: 1 Eiklar

Zum Bestreuen: Sesam

Zubereitungszeit: 10—15 Minuten

Backzeit: 60 Minuten bei 200—220° C

Zubereitung:
Alle Zutaten zu einem weichen Teig verarbeiten. Diesen 1 Stunde an einem warmen Ort gehen lassen, bis sich das Volumen verdoppelt hat.
Den Teig nochmals durchkneten und in den ausgebutterten Formen 30 Minuten gehen lassen.
Mit Eiklar bestreichen und mit Sesam bestreuen. Auf der untersten Schiene bei 200—220° C 1 Stunde backen.
Stäbchenprobe machen! (siehe Seite 9)

BRÖTCHEN

Baltische Kümmelküchlein

Zutaten für ca. 28 Küchlein:
400 g frischgemahlener Weizen
200 g frischgemahlene Hirse
1 Würfel Hefe
1/4 l lauwarmes Wasser
1 Teel. Kräutersalz
75 g Butter

Für das Blech:	Backpapier
Zum Belegen:	ca. 120 g Butter
Zum Bestreichen:	1 Eigelb
Zum Bestreuen:	Kümmel
Zubereitungszeit:	20 Minuten
Backzeit:	20 Minuten bei 220° C

Zubereitung:
Weizen- und Hirsemehl in eine Schüssel geben. Die Hefe mit dem lauwarmen Wasser auflösen und mit den anderen Zutaten verkneten. Den Teig 20 Minuten ruhen lassen und nochmals durchkneten.
Ein Blech mit Backpapier auslegen. Den Teig fingerdick ausrollen, mit einem Glas Kreise von ca. 6 cm Ø ausstechen.
Die Küchlein auf das Blech legen und in der Mitte mit dem Daumen eindrücken. In die Vertiefung ein Butterstückchen legen, mit Eigelb bestreichen und mit Kümmel bestreuen.
Bei 220° C auf der mittleren Schiene im Backofen 20 Minuten backen.

Dinkelbrötchen

Zutaten für ca. 24 Brötchen:
1000 g frischgemahlener Dinkel
20 g Hefe
1/2 l lauwarmes Mineralwasser
1/2 l lauwarme Dickmilch
1 Eßl. Kräutersalz
1 Teel. Honig

Für die Formen: Butter

Zum Bestreichen: 1 Ei

Zum Bestreuen: Sesam

Zubereitungszeit: 30 Minuten

Backzeit: 25 Minuten bei 180—200° C

Zubereitung:
Die Hälfte des Dinkels mit der Hefe, dem Mineralwasser, der Dickmilch, dem Salz und dem Honig mit dem Rührgerät zu einem Teig verkneten.
Nach und nach den restlichen Dinkel zufügen und das Rührgerät 5—8 Minuten weiterlaufen lassen.
Nach einer halben Stunde das Rührgerät noch einmal anschalten und den Teig 2 Minuten durchkneten. 2 Springformen mit Butter bestreichen, kleine Brötchen formen und mit diesen die Formen füllen. Die Brötchen mit einem verquirlten Ei bestreichen, mit Sesam bestreuen, mit einem Tuch abdecken und 15 Minuten an einem warmen Ort gehen lassen.
Auf der mittleren Schiene 25 Minuten bei 180—200° C backen.

Englische Scones

Zutaten für ca. 12 Scones:
250 g frischgemahlener Dinkel
50 g gemahlene Haselnüsse
80 g Honig
100 g Butter
1 Ei
1 Teel. Backpulver

Für das Blech: Backpapier

Zum Bestreichen: 1 Ei

Zum Ausrollen: geriebene Haselnüsse

Zubereitungszeit: 15—20 Minuten

Backzeit: 20 Minuten bei 180° C

Zubereitung:
Den Dinkel, die Haselnüsse, den Honig, die Butter, das Ei und das Backpulver zu einem Teig verkneten. Diesen auf den geriebenen Haselnüssen zu einer Rolle formen. 2 1/2 cm breite Scheiben davon abschneiden und aus diesen Scones (kleine Brötchen) formen.
Die Scones auf ein mit Backpapier ausgelegtes Blech setzen, einschneiden und mit verquirltem Ei bestreichen (oder eine Scones-Backform verwenden).
Auf der mittleren Schiene bei 180° C ca. 20 Minuten backen.

Käseschnecken

Zutaten für ca. 24 Schnecken:
150 g frischgemahlener Weizen
150 g frischgemahlener Dinkel
100 g geriebener Käse (Emmentaler oder Greyerzer)
150 g saure Sahne
30 g Hefe
70 g weiche Butter
2 Eigelb

Für das Blech: Backpapier

Zum Einrollen: 100 g geriebener Käse

Zum Bestreuen: Kümmel oder
100 g geriebener Käse

Zubereitungszeit: 10—15 Minuten

Backzeit: 30 Minuten bei 230° C

Zubereitung:
Den Weizen, den Dinkel, den Käse, die saure Sahne, die Hefe, die Butter und die Eigelb zu einem Teig verkneten und diesen zugedeckt 30 Minuten ruhen lassen.
Den Teig nochmals kneten, auf geriebenem Käse ausrollen, mit Kümmel oder Käse bestreuen, zu einer Rolle aufrollen und 1 cm breite Stücke abschneiden.
Die Schnecken auf ein mit Backpapier ausgelegtes Blech setzen, mit dem verquirlten Ei bestreichen und mit Kümmel oder etwas Käse bestreuen.
Die Schnecken auf der mittleren Schiene bei 230° C etwa 30 Minuten backen.

TORTEN

Ananastorte

Zutaten:
5 Eigelb
5 Eiklar
120 g Blütenhonig
75 g frischgemahlener Weizen
30 g Kakao

Für die Form: Butter/Backpapier

Zum Garnieren: Ananas- und Kiwischeiben

Zubereitungszeit: 25 Minuten

Backzeit: 15—20 Minuten bei 180° C

Zubereitung:
Die Eigelb mit der Hälfte des Honigs cremig rühren. Die Eiklar mit dem restlichen Honig zu steifem Schnee schlagen.
Die Creme mit dem Eischnee, dem Weizen und dem Kakao vorsichtig vermengen.
Eine Springform entweder gut fetten oder mit Backpapier auslegen (siehe Backtips, Seite 7), den Teig hineingeben und auf der mittleren Schiene bei 180° C ca. 15—20 Minuten backen.

Für die Füllung:
3 Blatt weiße Gelatine oder
3 g Biobin
3 Eßl. Zitronensaft
1 frische Ananas
1/2 l süße Sahne
1 1/2 Eßl. Honig

bitte umblättern

Zubereitung der Ananastorte:
Die Gelatine mit dem Zitronensaft in einen Topf geben und quellen lassen. Dann bei kleinster Temperatur auflösen.
Die frische Ananas schälen, 8 dünne Scheiben schneiden, den Rest pürieren.
Die Sahne steif schlagen, den Honig zufügen, die aufgelöste Gelatine (oder das Biobin) und das Ananaspüree untermengen.
Die abgekühlte Torte einmal quer durchschneiden, die Hälfte der Creme auf den Boden streichen. Den Deckel aufsetzen und mit der restlichen Creme die Torte überziehen. Mit fünf ganzen Ananasscheiben belegen, die übrigen drei Scheiben halbieren und den Rand damit belegen. Mit frischen Kiwischeiben garnieren.
Siehe Abbildung vorhergehende Doppelseite.

Variante:
Anstatt Weizen kann man auch 135 g geschälte, gemahlene Mandeln verwenden.

Bonitztorte

Zutaten:
200 g Butter
200 g Honig
2 Eßl. geriebene Honigschokolade
1 Eigelb
200 g frischgemahlener Weizen
1 Teel. Backpulver
10 Eiklar
1 Eßl. Honig

Für die Form: Butter, gemahlene Mandeln

Zum Abdecken: Alufolie

Zubereitungszeit: 20—25 Minuten

Backzeit: 60 Minuten bei 180° C

Zubereitung:
Die Butter mit dem Honig, der Schokolade und dem Eigelb schaumig schlagen.
Den Weizen und das Backpulver unterheben.
Die Eiklar mit dem Honig steif schlagen und vorsichtig unter die Masse heben. Den Teig in eine gefettete und mit gemahlenen Mandeln ausgestreute Springform geben, mit Alufolie abdecken und auf der mittleren Schiene bei 180° C 1 Stunde backen.

Für den Guß:
20 g Butter
100 g Mandelsplitter
150 g Honig
1 Eßl. Sahne

Zubereitung:
Die Butter in einem Topf zerlassen, die Mandelsplitter dazugeben und etwas bräunen. Dann den Honig und die Sahne zugeben und alles gut verrühren, bis eine karamelartige Masse entsteht.
Etwas abkühlen lassen und bevor die Masse zu fest wird, über die Torte geben.

Eistorte

Zutaten:
5 Eiklar
125 g Honig
200 g abgezogene, gemahlene Mandeln

Für die Bleche: Backpapier

Zubereitungszeit: 30—40 Minuten

Backzeit: 15 Minuten bei 200° C

Zubereitung:
Die Eiklar mit dem Honig zu steifem Schnee schlagen und die Mandeln vorsichtig unterheben.
Drei Backbleche mit Backpapier auslegen, darauf mit einem Teller oder Tortenring drei Kreise (∅ ca. 24 cm) markieren, diese mit der Masse bestreichen und auf der mittleren Schiene bei 200° C ca. 15 Minuten backen.

Für die Füllung:
Zimteis:

6 Eigelb
2 Eßl. Blütenhonig
1 Teel. Zimt
6 Eiklar
1/2 l süße Sahne

Zum Garnieren: frische Früchte Pistazien

Zubereitung:
Die Eigelb mit einem Eßlöffel Honig cremig schlagen und den Zimt zufügen.
Die Eiklar mit dem restlichen Honig zu steifem Schnee schlagen.
Die Sahne ebenfalls steif schlagen und alles vorsichtig miteinander vermengen.

Einen der ausgekühlten Böden in eine Springform legen und mit 1/3 der Eismasse bestreichen. Einen zweiten Boden darauf legen und diesen mit dem zweiten Drittel der Eismasse bestreichen. Den dritten Boden darauf legen und die Torte 2—3 Stunden im Gefrierfach frieren lassen. Die restliche Schaummasse kühlstellen.

Die Torte aus der Springform nehmen und mit der restlichen Schaummasse bestreichen.
Mit Himbeeren, Erdbeeren oder anderen Früchten und Pistazien garnieren.

Himbeereistorte

Zutaten:
Böden wie Eistorte

Für die Himbeereisfüllung:
6 Eiklar
150 g Honig, 2 g Biobin
1/2 l Sahne, 1 Eßl. Honig
300 g pürierte Himbeeren
Saft von 1 Zitrone

Zum Garnieren:
Himbeeren und Pistazienhälften

Zubereitung:
Die Eiklar mit dem Honig und dem Biobin steif schlagen.
Die Sahne mit dem Honig ebenfalls steif schlagen, die pürierten Himbeeren und den Zitronensaft zufügen und den Eischnee vorsichtig unterheben.
Einen der ausgekühlen Böden in eine Springform legen und mit 1/3 der Eismasse bestreichen.
Dann die Torte, wie oben beschrieben, fertigstellen.
Mit Himbeeren und den Pistazienhälften garnieren.

Kaffeetorte

Zutaten:
8 Eigelb
250 g Honig
6 Eiklar
1 Tasse starker schwarzer Kaffee (ca. 1/4 l)
280 g gemahlene Mandeln
70 g Vollkornsemmelbrösel

Für die Form: Backpapier, etwas Butter

Zubereitungszeit: 40 Minuten

Backzeit: 60 Minuten bei 150° C

Zubereitung:
Die Eigelb mit der Hälfte des Honigs im elektrischen Rührgerät 10 Minuten cremig schlagen. Die Eiklar steif schlagen, den restlichen Honig zufügen, etwas weiterschlagen und die Eiweißmasse vorsichtig unter die Eigelbmasse heben. Den Kaffee, die Mandeln und die Vollkornsemmelbrösel zufügen.
Den Teig in eine Springform füllen, mit Alufolie abdecken und auf der mittleren Schiene des Backofens ca. 1 Stunde bei 150° C backen.

Machen Sie die Stäbchenprobe:
Wenn Sie ein Holzstäbchen in die Torte stecken und es ist beim Herausziehen trocken, dann ist die Torte fertig gebacken.

Die Torte einen Tag ruhen lassen und danach einmal quer durchschneiden.

Zutaten für die Füllung:
3 Blatt Gelatine oder
3 g Biobin
3 Eßl. starker schwarzer Kaffee
1/2 l süße Sahne
100 g Honig
1 Teel. Kakao
3 Eßl. Marmelade

Für den Rand:
Mandelblättchen

Zubereitung:
Die Gelatine mit dem Kaffee 5 Minuten quellen lassen, danach bei kleinster Temperatur auflösen.
Die Sahne steif schlagen, den Honig, den Kakao und die aufgelöste Gelatine oder das Biobin zufügen.
Den Tortenboden mit 2/3 der Kakaosahne bestreichen, den Tortendeckel daraufsetzen, mit dem Rest Sahne bestreichen und mit Mandelblättchen garnieren.

Kiwitorte

Zutaten:
50 g Honigmarzipan, Rezept Seite 11
1 Eigelb, 1 Eiklar
40 g Honig
25 g geschälte, geriebene Mandeln
20 g frischgemahlener Dinkel

Für die Form: Backpapier

Zubereitungszeit: 40 Minuten

Backzeit: 20 Minuten bei 180° C

Zubereitung:
Das Honigmarzipan mit dem Eigelb, dem Eiklar und dem Honig verrühren. Die Mandeln und den Dinkel zufügen und alles gut vermengen.
Die Masse in eine mit Backpapier ausgelegte Springform, füllen und bei 180° C auf der mittleren Schiene ca. 20 Minuten backen.

Für den Belag:
1/4 l süße Sahne
3 g Biobin
50 g Honig
1 Eßl. Zitronensaft
etwas Zitronenabrieb
6 Kiwi, in Scheiben geschnitten
gebräunte Mandelblättchen

Zubereitung:
Die Sahne mit dem Biobin und dem Honig steif schlagen. Den Zitronensaft und Abrieb zufügen.
Mit dem Sahnegemisch den Tortenboden bestreichen und mit Kiwischeiben belegen. Den Rand mit Mandelblättchen bestreuen.

Mangotorte

Zutaten:
50 g Honigmarzipan, Rezept Seite 11
1 Eigelb, 1 Eiklar
40 g Honig
25 g geschälte, geriebene Mandeln
20 g frischgemahlener Dinkel

Für die Form: Backpapier

Zubereitungszeit: 40 Minuten

Backzeit: 20 Minuten bei 180° C

Zubereitung:
Das Honigmarzipan mit dem Eigelb, dem Eiklar und dem Honig cremig rühren. Die Mandeln und den Dinkel zufügen und alles gut vermengen.
Die Masse in eine mit Backpapier ausgelegte Springform füllen und bei 180° C ca. 20 Minuten backen.

Für den Belag:
4 Blatt weiße Gelatine oder
4 g Biobin
4 Eßl. Zitronensaft
1/4 l süße Sahne
50 g Honig
Abrieb von 1 Zitrone
1/4 Tasse Mangopüree

Zum Garnieren:
5 Mangostreifen für Röschen
10 Pistazienhälften

Zubereitung:
Bevor Sie die Mango pürieren, von der geschälten Mango fünf Streifen abschälen.

bitte umblättern

Die Gelatine in einem Topf mit dem Zitronensaft quellen lassen und bei kleinster Temperatur auflösen.
Die Sahne mit dem Honig steif schlagen, den Zitronenabrieb zufügen, die aufgelöste Gelatine (oder das Biobin) und das Mangopüree ebenfalls zugeben und alles vorsichtig vermengen. Den ausgekühlten Boden mit der Mangocreme bestreichen und mit den Mangoröschen und Pistazienhälften garnieren.

Mohntorte

Abbildung folgende Doppelseite

Zutaten:
300 g Butter
200 g Honig
9 Eigelb, 2 Eßl. Rum
2 Eiklar
100 g Honig, 2 g Biobin
300 g frischgemahlener Weizen
200 g frischgemahlener Mohn
1/2 Päckchen Backpulver

Für die Form: Butter

Zubereitungszeit: 60 Minuten

Backzeit: 60 Minuten bei 170° C

Zubereitung:
Die Butter mit dem Honig, den Eigelb und dem Rum cremig schlagen.
Die Eiklar mit dem Honig und dem Biobin zu steifem Schnee schlagen.

Den Weizen, den Mohn und das Backpulver auf die Eigelbmasse geben, darauf den Eischnee und alles vorsichtig untermengen.
Den Teig in die vorbereitete Springform geben und auf der zweituntersten Schiene bei 170° C ca. 60 Minuten backen.

Für die Füllung:
8 Blatt weiße Gelatine oder
8 g Biobin
1/2 l Weißwein
Saft und Abrieb von 1 Zitrone
1/2 l süße Sahne
750 g Weintrauben

Zum Garnieren:
1 Traubenast, Pistazienkrümel, Kiwischeiben

Zubereitung:
Die Gelatine mit 8 Eßl. des Weines 10 Minuten quellen lassen und danach bei kleinster Temperatur auflösen. Die aufgelöste Gelatine (oder das Biobin) mit dem Zitronensaft, dem Abrieb und dem Weißwein vermengen. Das Gemix kalt stellen, bis es gerade geliert hat.
Die Sahne steif schlagen und das gelierte Weingelee nach und nach unter die Sahne mengen.
Die Mohntorte zweimal quer durchschneiden. Einen Boden mit der Weincreme bestreichen und mit halbierten Weintrauben belegen, mit der Creme überziehen und den nächsten Boden darauf legen. Den zweiten Boden wieder mit der Creme bestreichen, mit halbierten Weintrauben belegen und nochmals mit Creme bestreichen. Darauf den dritten Boden legen. Die Torte mit der restlichen Weincreme bestreichen und den Rand mit halbierten Weintrauben belegen.
In die Mitte der Torte einen Traubenast legen, Pistazienkrümel darüber streuen und die Torte mit fünf über Kreuz gelegten Kiwischeiben garnieren.

Schokoladen-Kirsch-Torte

Abbildung folgende Doppelseite

Zutaten:
125 g Butter
50 g Honig, 4 Eigelb
1 Eßl. Kakao
125 g gemahlene Mandeln
3 Eßl. gemahlener Vollkornzwieback
1 gestrichener Teel. Backpulver
2 cl Rum
5 Eiklar
300 g Kirschen (Süß- oder Sauerkirschen)

Für die Springform: Butter

Zum Überziehen: 1/4 l süße Sahne, steif geschlagen, 1 Eßl. Honig, 2 g Biobin, etwas Vanillepulver oder Mark

Zum Garnieren: Kirschen und Pistazien

Zum Bestreuen: etwas Kakao

Zubereitungszeit: 40 Minuten

Backzeit: 45 Minuten bei 180 C

Zubereitung:
Die Butter mit der Hälfte des Honigs und den nach und nach zugegebenen Eigelb cremig rühren.
Den Kakao, die gemahlenen Mandeln, den Vollkornzwieback, das Backpulver und den Rum unter die Creme mengen.
Die Eiklar mit dem restlichen Honig steif schlagen und vorsichtig unter die Masse heben.
1/3 des Teiges in die vorbereitete Springform füllen. Die restliche Masse mit den entkernten Kirschen vermengen, ebenfalls in die Springform füllen.

Auf der mittleren Schiene bei 180° C ca. 45 Minuten backen.

Die erkaltete Torte mit der unteren Seite nach oben auf einen Tortenteller legen. Die Torte mit der Vanillesahne überziehen, mit Kirschen und Pistazien garnieren und mit etwas Kakao bestreuen.

Rote-Bete-Torte

Zutaten:
5 Eigelb
150 g Honig
250 g geraspelte Rote Bete
250 g gemahlene Haselnüsse
5 Eiklar

Für die Form: Butter, gemahlene Haselnüsse

Zubereitungszeit: 20 Minuten

Backzeit: 60 Minuten bei 200° C

Zubereitung:
Die Eigelb und den Honig 10 Minuten im elektrischen Rührgerät schaumig rühren. Die fein geraspelte Rote Bete und die Haselnüsse untermengen. Die Eiklar steif schlagen und vorsichtig unter die Masse heben.
Die Springform mit Butter ausstreichen und mit Haselnüssen bestreuen.
Den Teig in die Form füllen und 1 Stunde bei 200° C auf der zweituntersten Leiste im Backofen backen.

Die erkaltete Torte mit Schlagsahne überziehen und mit Walderdbeeren garnieren.

Schokoladen-Kirsch-Torte, Seite 46 ▷

Schweizer Orangentorte

Zutaten:
7 Eigelb
250 g Honig
Abrieb und Saft von 2 großen Orangen
7 Eiklar
2 g Biobin
30 g frischgemahlener Dinkel
80 g Vollkornzwiebackbrösel
280 g geriebene Mandeln

Für die Form: Butter, geriebene Mandeln.

Zum Garnieren: 200 g Orangenhonigmarmelade, Rezept Seite 11
100 g Mandelblättchen,
Orangenscheiben

Zubereitungszeit: 45 Minuten

Backzeit: 40—50 Minuten bei 180° C

Zubereitung:
Die Springform mit Butter ausstreichen und mit geriebenen Mandeln bestreuen.
Die Eigelb mit der Hälfte des Honigs cremig rühren und den Orangenabrieb und Saft zugeben. Die Eiklar mit dem restlichen Honig und dem Biobin steif schlagen und unter die Eigelbmasse ziehen. Den Dinkel mit den Vollkornzwiebackbröseln und den Mandeln unter die Masse geben. Den Teig in die Springform füllen und glattstreichen. Die Torte mit Alufolie abdecken und auf der mittleren Schiene bei 180° C ca. 40—50 Minuten backen. Die Torte auf einem Kuchengitter abkühlen lassen, mit der Orangenhonigmarmelade bestreichen, mit den Mandelblättchen bestreuen und den Orangenscheiben garnieren.

Sonnenschlößchen – Festtagsfrühstückstorte

Zutaten:
250 g Butter
4 Eier
200 g abgezogene, gemahlene Mandeln
200 g Blütenhonig
250 g frischgemahlener Weizen
1 Päckchen Backpulver
4 Eiklar
1 Eßl. Honig

Für die Form: Butter, gemahlene Mandeln

Zubereitungszeit: 40–50 Minuten

Backzeit: 60 Minuten bei 200° C

Zubereitung:
Die Butter mit der elektrischen Küchenmaschine schaumig rühren.
Die Eier, die gemahlenen Mandeln und den Honig zugeben und alles zusammen cremig rühren.
Den Weizen mit dem Backpulver vermischen und unterrühren. Die Eiklar zu steifem Schnee schlagen, den Honig zugeben und vorsichtig unter die Masse heben.
Die Springform ausbuttern, mit gemahlenen Mandeln bestreuen, den Teig einfüllen, mit Alufolie abdecken und den Kuchen bei 200° C ca. 1 Stunde backen.

bitte umblättern

▷

Sonnenschlößchen-Festtagsfrühstückstorte – eine Köstlichkeit, der kaum ein Gast meines Hauses widerstehen kann!

Fortsetzung:
Sonnenschlößchen–Festtagsfrühstückstorte

Zum Überziehen:
Kakaomarzipan:
150 g geschälte, feingemahlene Mandeln mit 80 g Blütenhonig und 1 Eßl. Kakao in der elektrischen Küchenmaschine solange rühren, bis sich ein Kloß gebildet hat.

Zum Garnieren: 8 Pistazienhälften und
16 Mandelhälften

Zum Bestreichen: Honig

Zum Bestreuen: Mandelblättchen

Die ausgekühlte Frühstückstorte mit Kakaomarzipan überziehen. Darauf die Pistazienhälften (als Körper, je 2) und die Mandelhälften (als Flügel) wie Schmetterlinge garnieren (oder wie auf der Abbildung).
Den Rand der Torte mit Honig bestreichen und mit Mandelblättchen bestreuen.

Stachelbeertorte

Zutaten:
2 Eier
125 g Honig
150 g zerlassene Butter
100 g frischgemahlener Dinkel
100 g frischgemahlener Reis
1/2 Teel. Backpulver

Für die Springform: Butter

Zubereitungszeit: 40 Minuten

Backzeit: 20 Minuten bei 160° C
dann 10—15 Minuten bei 200° C

Zubereitung:
Die Eier mit dem Honig cremig schlagen. Die Butter, den Dinkel, den Reis und das Backpulver unter die Eigelb-Honig-Creme mengen. Den Teig in eine gefettete Springform füllen und auf der mittleren Schiene bei 160° C ca. 20 Minuten backen.

Für den Belag:
4 Eiklar
200 g Honig
4 g Biobin
250 g blanchierte Stachelbeeren

Zubereitung:
Die Eiklar mit dem Honig und dem Biobin steif schlagen. Ein Drittel von der Masse auf den ausgekühlten Boden streichen und darauf die Stachelbeeren verteilen.
Den Rest der Eiklarmasse darauf spritzen und die Torte auf der mittleren Schiene bei 200° C 10—15 Minuten fertig backen.

Teinacher Apfeltorte

Zutaten:
50 g Honigmarzipan, Rezept Seite 11
1 Eigelb
1 Eiklar
40 g Honig
25 g geschälte, geriebene Mandeln
20 g frischgemahlener Dinkel

Für die Springform: Butter, Backpapier

Zubereitungszeit: 45 Minuten

Backzeit: 20 Minuten bei 180° C

Zubereitung:
Das Honigmarzipan mit dem Eigelb, dem Eiklar und dem Honig gut verrühren.
Die Mandeln und den Dinkel zufügen und für ca. 3—4 Minuten weiterrühren.
Die Masse in eine mit Backpapier ausgelegte Springform füllen und auf der mittleren Schiebeleiste bei 180° C ca. 20 Minuten backen.

Für den Belag:
6 Blatt rote Gelatine oder
6 g Biobin
6 Eßl. Rote Bete Saft
Abrieb und Saft von 1 Zitrone
1/2 l Naturapfelsaft
1 Teel. Vitamin-C-Pulver
500 g Äpfel
2 Eßl. Honig

Zum Garnieren: Schlagsahne, Kiwistückchen

Zubereitung:
Die Gelatine mit dem Rote-Bete-Saft in einem Topf quellen lassen und bei kleinster Temperatur auflösen. Danach den Zitronenabrieb und Saft zugeben.
Den Apfelsaft in eine Schüssel geben und mit dem Vitamin-C-Pulver verrühren.
Die Äpfel in den Saft raspeln, den Honig, die aufgelöste Gelatine oder das Biobin und den Zitronenabrieb und Saft zufügen.
Die Masse kaltstellen, bis sie stockt.
Den ausgekühlten Boden mit der Masse bestreichen und im Kühlschrank erstarren lassen.
Die fertige Torte mit Schlagsahne und Kiwistückchen garnieren.

KUCHEN

Biskuit-Rolle

Zutaten:
3 Eigelb
3 Eßl. Mineralwasser
120 g Honig
Mark von 1/2 Vanilleschote
3 Eiklar
50 g gemahlener Naturreis
50 g frischgemahlener Weizen
25 g Kakao
1 gestrichener Teel. Backpulver

Für das Blech: Backpapier

Zubereitungszeit: Teig 15 Minuten, Gesamtzubereitung 40 Minuten

Backzeit: 8—10 Minuten bei 200° C

Zubereitung:
Die Eigelb mit dem Mineralwasser, der Hälfte des Honigs und dem Mark der Vanilleschote cremig rühren.
Die Eiklar mit dem restlichen Honig zu steifem Schnee schlagen.
Die Creme mit dem Eischnee, dem gemahlenen Reis, dem Weizen, dem Kakao und dem Backpulver vorsichtig vermengen.
Den Biskuitteig gleichmäßig auf ein mit Backpapier ausgelegtes Blech streichen und auf der mittleren Schiene 8—10 Minuten bei 200° C backen.
Die Teigplatte auf ein Handtuch stürzen, das Backpapier abziehen, den Teig aufrollen und erkalten lassen.

Zutaten für die Füllung:
3 Blatt weiße Gelatine oder
3 g Biobin
3 Eßl. Wasser
1/2 l süße Sahne
100 g Honig
1 Eßl. Kakaopulver und
1 Eßl. Kaffeepulver, aufgelöst in 1 Eßl. Wasser
100 g geröstete, gemahlene Haselnüsse
1 Gläschen Grand Marnier

Zubereitung:
Die Gelatine (oder das Biobin) mit dem Wasser zum Quellen bringen und bei kleinster Hitze auflösen.
Die Sahne steif schlagen, den Honig, das aufgelöste Kakao- und Kaffeepulver, die Haselnüsse, den Grand Marnier, die aufgelöste Gelatine oder das Biobin zufügen.
Entweder die Biskuitrolle mit der Creme bestreichen und aufrollen oder die Teigplatte in eine Kastenform legen, 2/3 der Creme hineinfüllen, die Seiten überklappen und mit der restlichen Creme die Rolle überziehen.
Nach Belieben garnieren; eine Möglichkeit sehen Sie auf der folgenden Doppelseite.

Biskuit-Rolle (s.o.) ▷

Mandelkuchen

Zutaten:
250 g Butter
150 g Blütenhonig
6 Eigelb
Abrieb von 1 Zitrone
2 Eßl. Kirschwasser
250 g gemahlene Mandeln
50 g frisch gemahlener Weizen
1/2 Teel. Backpulver

Für die Form: Butter, gemahlene Haselnüsse

Zum Überziehen: 100 g Honigmarzipan, Rezept Seite 13

Zum Garnieren: Mandeln und Pistazien

Zubereitungszeit: 45—50 Minuten

Backzeit: 60 Minuten bei 180° C

Zubereitung:
Die Butter mit der Hälfte des Honigs cremig rühren. Nach und nach die Eigelb, den Zitronenabrieb und das Kirschwasser unterrühren. Die Mandeln, den Weizen und das Backpulver unter die Creme mengen.
Die Eiklar mit dem restlichen Honig zu steifem Schnee schlagen und vorsichtig unter die Masse heben.
Den Teig in eine vorbereitete Kastenform füllen und auf der mittleren Schiene bei 180° C ca. 1 Stunde backen.
Den Kuchen auf einem Gitter auskühlen lassen und mit Honigmarzipan überziehen.
Mit Mandelhälften und Pistazien garnieren.

Osterkuchen

Zutaten:
1 kg frisch gemahlener Dinkel
1/8 l süße Sahne
3/8 l lauwarmes Wasser, 40 g Hefe
100 g Butter, 200 g Honig
25 g gemahlene Mandeln

Zum Bestreichen: 1 verquirltes Ei

Für die Füllung:
200 g gehackte Mandeln, 200 g Honig

Zum Aufstreichen:	1/2 l süße Sahne, steif geschlagen
Zum Bestreuen:	gehackte Mandelblättchen
Für das Blech:	Backpapier
Zum Bestreichen:	1 verquirltes Ei
Zubereitungszeit:	40 Minuten
Backzeit:	45 Minuten bei 180° C

Zubereitung:
Aus allen Zutaten einen Teig kneten und diesen an einem warmen Ort zugedeckt 1 Stunde gehen lassen.
Nochmals kurz durchkneten, eine Kugel formen, diese auf ein mit Backpapier ausgelegtes Blech setzen und mit einem verquirlten Ei bestreichen. Auf der mittleren Schiene bei 180° C ca. 45 Minuten backen.
Von dem erkalteten Kuchen einen großen Deckel abschneiden. Mit einem Löffel einen Teil des Kuchens aushöhlen.
Das Ausgehöhlte mit den Zutaten für die Fülle vermengen und damit den Osterkuchen füllen. Den Deckel wieder aufsetzen, den Kuchen mit Schlagsahne bestreichen und mit Mandelblättchen bestreuen.

Petras Apfelkuchen

Zutaten:
250 g frischgemahlener Dinkel
150 g Crème Fraîche
5 Eßl. Honig, 125 g Butter

Für die Form: Butter

Zubereitungszeit: Teig 10 Minuten,
Gesamtzubereitung 30 Minuten

Backzeit: 45 Minuten bei 200° C

Zubereitung:
Den Dinkel mit der Crème fraîche, dem Honig und der Butter zu einem Teig verkneten. Den Teig über Nacht kühl stellen. Auswellen und in eine gefettete Springform geben.

Für die Füllung:
5 Äpfel
100 g Mandelsplitter
100 g Rosinen, 100 g Honig
1 Teel. Zimt
1—2 Eßl. Rum
Saft von 1 Zitrone

Zubereitung:
Die ungeschälten, gut gewaschenen Äpfel grob raspeln. Die Mandelsplitter, die Rosinen und den Honig dazugeben. Mit Zimt, Rum und Zitronensaft abschmecken. Die Masse auf den Boden der Springform geben.

Für den Guß:
3 Eigelb, 150 g Honig
2 Eiklar
1/2 l Dickmilch
2 cl Rum

Zubereitung:
Die Eigelb mit dem Honig schaumig rühren. Die Eiklar steif schlagen. Die Dickmilch und den Rum zur Eiercreme geben und zuletzt den Eischnee unterziehen. Den Guß auf der Apfeltorte verteilen.
Den Kuchen bei 200° C ca. 45 Minuten backen.

Safrankuchen

Zutaten:
500 g frischgemahlener Weizen
25 g Hefe
1/8 l Wasser
1/8 l Sahne
etwas Safranpulver
1/2 Teel. Meersalz
100 g Butter
100 g Honig
1 Messerspitze Kardamom
Abrieb von 1 Zitrone
100 g Mandelblättchen
50 g Rosinen
50 g Zitronat

Für die Form: Butter, gemahlene Haselnüsse

Zum Überziehen: Honigmarzipan, Rezept Seite 11

Zum Garnieren: Mandelstifte

Zubereitungszeit: 45 Minuten

Backzeit: 45 Minuten bei 220° C

bitte umblättern

Zubereitung:

Den Weizen mit der Hefe, dem lauwarmen Wasser und der lauwarmen Sahne in einer Schüssel vermengen und an einem warmen Ort ca. 30—40 Minuten gehen lassen.

Danach die restlichen Zutaten in den gegangenen Teig einarbeiten und so lange kneten, bis er sich leicht von der Schüssel löst.

Den Teig nochmals eine Stunde gehen lassen.

Eine große oder zwei kleine Gugelhupfformen mit Butter ausfetten und mit gemahlenen Haselnüssen bestreuen.

Den Teig hineingeben und bei 220° C auf der mittleren Schiene 45 Minuten backen.

Wenn der bzw. die Kuchen erkaltet sind, mit Honigmarzipan überziehen, mit Mandelstiften garnieren und kurz unter den Grill stellen.

Schokoladenkuchen

Zutaten:
80 g Butter
150 g Blütenhonig
5 Eigelb
30 g Kakao
170 g gemahlene Haselnüsse
60 g gemahlener Vollkornzwieback
100 g Mandelstifte
50 g Rumrosinen
5 Eiklar

Für die Form:	Butter, gebräunte Mandelstifte
Zum Bestreichen:	Honigschokolade
Zum Bestreuen:	gebräunte Mandelblättchen oder Belegkirschen und Mandelhälften
Zubereitungszeit:	45 Minuten
Backzeit:	50 Minuten bei 200° C

Zubereitung:
Die Butter mit der Hälfte des Honigs und den nach und nach zugegebenen Eigelben cremig rühren.
Den Kakao, die Haselnüsse, den Vollkornzwieback, die Mandelstifte und die Rumrosinen unter die Creme mengen.
Die Eiklar mit dem restlichen Honig zu steifem Schnee schlagen und diesen vorsichtig unter die Masse heben.
Den Teig in eine vorbereitete Rehrückenform füllen, mit Alufolie abdecken und auf der mittleren Schiene bei 200° C ca. 50 Minuten backen.
Den erkalteten Kuchen mit flüssiger Honigschokolade bestreichen und mit gebräunten Mandelblättchen bestreuen.

KLEINGEBÄCK UND TÖRTCHEN

Alexanderkuchen

Zutaten:
150 g Butter
50 g Honig
Abrieb von 1 Zitrone
250 g frischgemahlener, gesiebter Weizen

Für das Blech: Backpapier

Zum Bestreichen: Honigmarmelade, Rezept Seite 11

Zum Bestreuen: Kokosraspel

Zubereitungszeit: 45 Minuten

Backzeit: 10 Minuten bei 250° C

Zubereitung:
Die Butter mit dem Honig und dem Zitronenabrieb cremig schlagen.
Den Weizen unter die Masse mengen und 30 Minuten ruhen lassen.
Den Teig ausrollen und in 6 cm lange und 4 cm breite Streifen rädeln.
Diese auf ein mit Backpapier ausgelegtes Blech setzen und auf der mittleren Schiene bei 250° C ca. 10 Minuten backen.
Die Küchlein erkalten lassen.
Dann je ein Küchlein mit Marmelade bestreichen und ein zweites daraufsetzen.

◁ Alexanderkuchen (s.o.)

Die gefüllten Küchlein mit Marmelade bestreichen und mit Kokosraspel bestreuen.
Die Alexanderkuchen sehen noch schöner aus, wenn man drei kleine Streifen Papier auf die Marmelade legt, bevor man die Kokosraspel darüberstreut. Danach werden die Papierstreifen wieder abgezogen.
Sie können Alexanderkuchen auch rund ausstechen (siehe Abbildung, Seite 68/69).

Baltische Sahneplätzchen

Zutaten:
250 g frischgemahlener Weizen
375 g Butter
5 Eßl. dicke saure Sahne (Schmant)
1 Teel. Honig

Für das Blech: Backpapier

Zum Bestreichen: Honigmarmelade, Rezept Seite 11

Zum Bestreuen: Mandelblättchen

Zubereitungszeit: 30—40 Minuten

Backzeit: 20 Minuten bei 180° C

Zubereitung:
Die Zutaten zu einem Teig verkneten und im Kühlschrank eine Stunde ruhen lassen. Den Teig dünn ausrollen, Rechtecke ausrädeln, einstechen, auf ein mit Backpapier ausgelegtes Blech setzen und auf der mittleren Schiene bei ca. 180° C ca. 20 Minuten backen.

Die gebackenen Plätzchen mit Marmelade bestreichen und mit Mandelblättchen bestreuen.

Baltische Überraschungsplätzchen

Zutaten:
4 Eier
200 g Honig
200 g frischgemahlener, gesiebter Weizen
1 Messerspitze Zimt
4 Eiklar
1 Eßl. Honig

Für das Blech: Backpapier

Zubereitungszeit: 40 Minuten

Backzeit: 10 Minuten bei 200° C

Zubereitung:
Die Eier mit dem Honig im elektrischen Rührgerät 10 Minuten cremig schlagen. Den Weizen und den Zimt hinzufügen. Die Eiklar steif schlagen, den Honig zufügen, etwas weiterschlagen und vorsichtig unter die Teigmasse heben.
Auf ein mit Backpapier ausgelegtes Blech kleine Teigmengen setzen und die Plätzchen bei 200° C ca. 10 Minuten auf der mittleren Schiene backen. Abkühlen lassen.

Für die Füllung:
3 Blatt weiße Gelatine oder
3 g Biobin
3 Eßl. Zitronensaft
1/2 l süße Sahne
100 g Honig
Abrieb von 1 Zitrone

Zubereitung der Füllung:
Für die Füllung die Gelatine im Zitronensaft 5 Minuten einweichen und danach bei kleinster Hitze auflösen. Die Sahne steif schlagen, den Honig, den Zitronenabrieb zufügen und die aufgelöste Gelatine (oder das Biobin) unter die Sahne mengen.
Wenn die Masse fest geworden ist, jeweils ein Plätzchen mit der Zitronensahne bespritzen und ein zweites darauf legen.

Birnentörtchen

Zutaten:
150 g frischgemahlener Weizen
75 g Butter
50 g Honig
50 g Kokosraspeln
1 Ei

Für die Förmchen:	Butter
Zum Belegen:	Mandelhälften
Zubereitungszeit:	40 Minuten
Backzeit:	15 Minuten bei 180° C dann 15—20 Minuten bei 200° C

Zubereitung:
Den Weizen, die Butter, den Honig, die Kokosraspeln und das Ei zu einem Mürbteig verkneten.
Diesen 1 Stunde kühl ruhen lassen.
Die Tortenförmchen mit Butter einfetten, den Teig dünn ausrollen, mit einem Glas Kreise von 7 cm ∅ ausstechen und die Förmchen damit belegen.
Mit der Gabel einstechen und auf der mittleren Schiene bei 180° C ca. 15 Minuten backen.

bitte umblättern

Für die Füllung:
600 g süße Birnen
Saft und Abrieb von 1 Zitrone
1 Teel. Vitamin-C-Pulver
80 g Honig

Zubereitung:
Die Birnen grob raspeln und mit dem Zitronensaft und Abrieb, dem Vitamin-C-Pulver und dem Honig in einer Schüssel vermengen.

Für die Haube:
80 g Honig
4 Eiklar
2 g Biobin
100 g geriebene Haselnüsse

Zum Belegen: Mandelhälften

Zubereitung:
Die Eiklar mit dem Honig und dem Biobin zu steifem Schnee schlagen und die Haselnüsse vorsichtig untermengen.
Die gebackenen Törtchenböden mit dem Birnengemisch füllen, mit einer Haube von Eischnee-Nuß-Masse bedecken und mit je drei Mandelhälften belegen. Auf der mittleren Schiene bei 200° C 15—20 Minuten backen.

Französische Apfelecken

Zutaten:
300 g frischgemahlener Dinkel
150 g Butter
1/2 l Dickmilch
Mark von 1/2 Vanilleschote
etwas Meersalz

Für die Füllung:
6 Äpfel
Saft und Abrieb von 1 Zitrone
1/2 Teel. Zimt
50 g zerkleinerte Rosinen
50 g zerkleinerte Datteln

Für das Blech:	Backpapier
Zum Bestreichen:	1 Eigelb, 1 Eßl. saure Sahne
Zum Bestreuen:	Mandelblättchen
Zubereitungszeit:	30 Minuten
Backzeit:	20—30 Minuten bei 200° C

Zubereitung:
Aus dem Dinkel, der Butter, der Dickmilch, dem Vanillemark und dem Salz einen Teig kneten. Diesen 10 Minuten ruhen lassen. Für die Füllung die Äpfel raspeln und mit dem Zitronensaft und Abrieb, dem Zimt, den Rosinen und den Datteln vermengen.
Den Teig ausrollen, Vierecke ausschneiden, etwas Füllung hineingeben und dreieckige Taschen formen. Den Rand mit einem Teigrädchen versäubern. Zum Bestreichen das Eigelb mit der Sahne mischen und die Taschen bepinseln. Mit Mandelblättchen bestreuen. Bei 200° C auf der mittleren Schiene etwa 20—30 Minuten backen.

Hausfreund

Abbildung, Seite 88/89

Zutaten:
2 Eier, 2 Eigelb, 300 g Honig
300 g frisch gemahlener Dinkel
100 g gemahlene Haselnüsse
1/2 Teel. Backpulver

Für den Belag:
100 g Rosinen
100 g geschnittene Feigen
100 g geraspelte Haselnüsse
100 g geraspelte Honigschokolade

Für die Glasur:
4 Eiklar
100 g Honig
4 g Biobin

Für das Blech:	Backpapier
Zum Bestreichen:	Glasur
Zum Bestreuen:	Mandelblättchen
Zubereitungszeit:	50 Minuten
Backzeit:	30—40 Minuten bei 200° C

Zubereitung:
Die Eier mit den Eigelben und dem Honig cremig schlagen. Mit dem Dinkel, den gemahlenen Haselnüssen und dem Backpulver zu einem Teig verkneten. Den Teig eine Stunde ruhen lassen.
Den Teig in der Größe von zwei Backblechen ausrollen und eine Teigplatte auf das mit Backpapier ausgelegte Blech legen, darauf die Rosinen, die Feigen, die Nüsse und die Schokolade streuen. Die zweite Teigplatte als

Deckel darauf legen. Die Eiklar mit dem Honig und dem Biobin steif schlagen. Die Eiklarmasse über den »Hausfreund« streichen und mit den Mandelsplittern bestreuen.
Auf der mittleren Schiene bei 200° C 30—40 Minuten backen und noch warm in 4 cm breite und 6 cm lange Streifen schneiden.

Hirse-Teegebäck

Zutaten:
250 g sehr feingemahlene Hirse
180 g Butter, 2 Eigelb, 50 g Honig
Abrieb von 1 Zitrone

Für das Blech: Backpapier

Zum Füllen: Honigmarmelade, Rezept Seite 11

Zubereitungszeit: 10 Minuten

Backzeit: 15—20 Minuten bei 180° C

Zubereitung:
Die Hirse, die Butter, die Eigelb, den Honig und den Zitronenabrieb zu einem Mürbteig verkneten und diesen 1 Stunde ruhen lassen.
Auf einer mit gemahlener Hirse bestreuten Fläche den Teig ausrollen und mit einem kleinen Glas aus dem Teig runde Plätzchen ausstechen. Die Hälfte der Plätzchen in der Mitte nochmals mit dem Fingerhut ausstechen.
Die Plätzchen auf ein mit Backpapier ausgelegtes Blech setzen und auf der mittleren Schiene bei 180° C 15—20 Minuten backen.
Die Plätzchen etwas abkühlen lassen und mit Honigmarmelade füllen.

Italienische Erdbeerecken

Abbildung, Seite 80/81

Zutaten:
100 g Honigmarzipan, Rezept Seite 11
1 Eigelb, 2 Eiklar, 80 g Honig
50 g geschälte geriebene Mandeln
40 g frischgemahlener Dinkel

Für das Blech: Backpapier

Zubereitungszeit: 45 Minuten

Backzeit: 6—8 Minuten bei 180° C

Zubereitung:
Das Honigmarzipan mit dem Eigelb, den Eiklar und dem Honig cremig rühren. Die Mandeln und den Dinkel zufügen und alles gut vermengen.
Backblech mit Backpapier auslegen und auf dieses runde Kreise von 15 cm ∅ zeichnen (etwa die Größe einer Untertasse). Etwas Teig in die Mitte eines jeden Kreises geben und diesen gleichmäßig verstreichen.
Die Kreise auf der mittleren Schiene bei 180° C ca. 6—8 Minuten backen. Jeden Kreis in Drittel schneiden.

Für die Füllung:
3 Blatt rote Gelatine oder 3 g Biobin
1/2 l süße Sahne, 1 Eßl. Honig
Abrieb und Saft von 1 Zitrone
150 g in kleine Stücke geschnittene Erdbeeren

Zubereitung:
Die Gelatine in einem Topf mit dem Zitronensaft zum Quellen bringen und bei kleinster Temperatur auflösen. Die süße Sahne mit dem Honig und dem Zitronenabrieb und Saft steif schlagen. Die Gelatine (oder das Biobin) zufügen und die Erdbeerstückchen untermengen. Jeweils 1 Dreieck dick mit der Creme bestreichen und mit einem zweiten belegen.

Mandel-Teegebäck

Zutaten:
4 Eiklar
100 g Honig
2 g Biobin
100 g abgezogene, feingemahlene Mandeln

Für das Blech:	Backpapier
Zubereitungszeit:	40 Minuten
Backzeit:	10—15 Minuten bei 200° C

Zubereitung:
Die Eiklar mit dem Honig und dem Biobin steif schlagen. Die Mandeln unter die Eiklarmasse mengen und runde Plätzchen 5 cm ∅ auf ein mit Backpapier ausgelegtes Blech streichen.
Die Plätzchen auf der mittleren Schiene bei 200° C 10—15 Minuten backen.

Für die Füllung:
5 Eigelb
100 g Blütenhonig
1/4 Tasse starker schwarzer Kaffee
20 g Kakao
125 g weiche Butter

Zubereitung:
Die Eigelb, den Honig, den Kaffee und den Kakao in einer Edelstahlschüssel über Wasserdampf zu einer dicklichen Creme rühren und erkalten lassen. Die Butter schaumig rühren und nach und nach die erkaltete Creme unterrühren.
Je ein erkaltetes Plätzchen mit der Mokkacreme bestreichen und ein zweites darauf setzen.

Erdbeerecken, S. 78, Geburtstagskuchen, S. 86 ▷

Rokokoküchlein

Zutaten:
5 Eigelb
125 g Blütenhonig
5 Eiklar
150 g gemahlene Haselnüsse

Für das Blech: Backpapier

Zubereitungszeit: 40 Minuten

Backzeit: 10 Minuten bei 200° C

Zubereitung:
Die Eigelb mit der Hälfte des Honigs cremig schlagen.
Die Eiklar steif schlagen, den restlichen Honig zufügen und etwas weiterschlagen.
Die gemahlenen Haselnüsse mit der Creme und dem Eischnee vermengen.
Ein Blech mit Backpapier auslegen, mit einem Löffel Plätzchen von ca. 8 cm Ø darauf setzen und 10 Minuten auf der mittleren Schiene bei 180—200° C backen.

Für die Füllung:
2 große Orangen
6 Blatt weiße Gelatine oder
6 g Biobin
1/2 l Schlagsahne
100 g Honig
Abrieb von 1 Orange

Zubereitung:
Für die Füllung die Orangen schälen und pürieren. Drei Eßlöffel des Orangenpürees mit der Gelatine zum Quellen bringen und bei kleinster Temperatur auflösen. Die Sahne steif schlagen, den Honig und den Orangenabrieb zufügen und nach und nach das Orangenpüree

und die aufgelöste Gelatine (oder Biobin) zufügen. Wenn die Creme gestockt ist, die Hälfte der erkalteten Rokokoküchlein mit je einem Eßlöffel füllen und ein zweites Küchlein darauf legen.

Schichtschnitten

Frau von Larisch, ein Hotelgast, schenkte uns ihr Traum-Hausrezept:
Ein Genuß. Ich habe das Tortenrezept »vollwertig« verändert und außerdem Schnitten daraus gemacht. Dabei wurde mir erneut bewußt, daß die Eigeninitiative in der Vollwertküche der Phantasie keine Grenzen setzt.

Zutaten:
500 g weiche Butter
500 g Honig
12 Eigelb
1 Eßl. Rum
12 Eiklar
2 g Biobin
500 g feingemahlener Weizen

Füllung:
1 kg Honigmarmelade, Rezept Seite 11

Für die Bleche:	Backpapier
Zum Überziehen:	250 g Honigmarzipan, Rezept Seite 13
Zum Garnieren:	Mandelhälften und Belegkirschen
Zubereitungszeit:	90 Minuten
Backzeit:	10 Minuten bei 200° C

bitte umblättern

Zubereitung:
Die Butter schaumig rühren, nach und nach 400 g Honig, die Eigelb und den Rum hinzugeben.
Die Eiklar steif schlagen und während des Schlagens den restlichen Honig und das Biobin zufügen.
Den Weizen und den Eischnee unter den Butter-Honig-Eigelb-Schaum heben.
8 Backpapiere von der Größe des Backbleches ausschneiden, je 1/8 des Teiges auf die Backpapiere streichen (darauf achten, daß der Teig am Rand nicht zu dünn ist!).
Die Böden im vorgeheizten Backofen bei 200° C ca. 10 Minuten backen, bis sie hellbraun sind.
Die gebackenen Böden mit je 125 g Honigmarmelade bestreichen, jeweils den nächsten bestrichenen Boden daraufsetzen. Den Schichtkuchen in rechteckige Schnitten teilen, mit Honigmarzipan überziehen und mit Mandelhälften und Belegkirschen garnieren.

Kleine gefüllte Schokoladenkuchen

Zutaten:
140 g Butter
150 g Honig
60 g geraspelte Honigschokolade
8 Eigelb
8 Eiklar
2 g Biobin
50 g Honig
170 g geriebene Mandeln
100 g Brösel von Eiweißmandelböden, Rezept Seite 36
50 g Mandelstifte

Für die Füllung:	250 g Honigmarmelade, Rezept Seite 11
Zum Überziehen:	Fruchtmarzipan
Zum Garnieren:	Marzipanröschen
Für das Blech:	Backpapier
Zubereitungszeit:	90 Minuten
Backzeit:	25—30 Minuten bei 180 ° C

Zubereitung:
Die Butter mit dem Honig schaumig rühren, die geraspelte Honigschokolade zufügen. Nach und nach die Eigelb vorsichtig unterziehen.
Die Eiklar mit dem Biobin zu steifem Schnee schlagen und den restlichen Honig zufügen.
Die geriebenen Mandeln, die Brösel, die Mandelstifte und den Eischnee unter den Teig heben.
Den Teig auf dem Backblech gleichmäßig verteilen und im vorgeheizten Ofen bei 180 ° C ca. 25—30 Minuten backen.
Die Teigplatte gleich nach dem Backen halbieren, eine Hälfte mit der Honigmarmelade bestreichen und die andere Hälfte darauf setzen.

Fruchtmarzipan:
100 g abgezogene Mandeln
40 g Honig
10 g Honigmarmelade

Die Mandeln sehr fein mahlen und mit dem Honig und der Marmelade vermengen.
Den Kuchen in gleichmäßige Quadrate schneiden, mit Fruchtmarzipan überziehen und mit Marzipanröschen dekorieren.

Schwäne oder Geburtstagskuchen

Zutaten:
1/2 l Wasser
80 g Butter
200 g frischgemahlener Dinkel
4 Eier

Für das Blech: Backpapier

Zubereitungszeit: 40 Minuten

Backzeit: 20 Minuten bei 230° C

Zubereitung:
Das Wasser mit der Butter in einem Topf zum Kochen bringen.
Den Dinkel auf einmal einstreuen und so lange rühren, bis sich ein Kloß gebildet hat.
Den Brandteig in einer Schüssel auskühlen lassen.
Danach die Eier nacheinander zufügen und alles gut vermengen. Die Masse in einen Spritzbeutel füllen und auf ein mit Backpapier ausgelegtes Blech Körper und Hälse von Schwänen oder Zahlen spritzen.
Bei 230° C ca. 20 Minuten backen.

Für die Füllung:
3 Blatt Gelatine oder
3 g Biobin
3 Eßl. Zitronensaft
1/2 l süße Sahne
1 Eßl. Honig
200 g pürierte Himbeeren oder Erdbeeren

Zubereitung:
Die Gelatine in einem Topf mit dem Zitronensaft quellen lassen und bei kleinster Temperatur auflösen.
Die Sahne mit dem Honig steif schlagen, die aufgelöste Gelatine (oder das Biobin) zufügen und alles mit den Himbeeren oder den Erdbeeren vermengen.
Die erkalteten Schwäne oder Zahlen aufschneiden und mit der Sahne füllen.

▷

Hausfreund, Seite 76 (ein Rezept meines baltischen Hausfreundes) und Teinacher Osterrollen, Seite 92.

Schwarze-Johannisbeer-Schnitten

Zutaten:
2 Eßl. Butter
100 g Honig
1 Ei
240 g frischgemahlener Weizen
2 Teel. Backpulver
Saft und Abrieb von 1 Orange
2 Tassen schwarze Johannisbeeren
100 g gemahlene Haselnüsse
4 Eiklar
2 g Biobin
1 Eßl. Honig

Für das Blech: Backpapier

Zum Bestreichen: schwarze Johannisbeermarmelade

Zum Bestreuen: Mandelsplitter

Zubereitungszeit: 40 Minuten

Backzeit: 30 Minuten bei 170° C

Zubereitung:
Die Butter mit dem Honig und dem Ei cremig rühren.
Den Weizen, das Backpulver, den Orangensaft und Abrieb, die Johannisbeeren und die Haselnüsse unter die Creme mengen.
Die Eiklar mit dem Biobin und dem Honig zu steifem Schnee schlagen und vorsichtig unter die Masse heben.
Den Teig gleichmäßig auf ein mit Backpapier ausgelegtes Blech streichen und bei 170° C ca. 1/2 Stunde backen.

Die erkaltete Teigplatte in rechteckige Stücke schneiden, mit etwas Schwarzer-Johannisbeer-Marmelade bestreichen und mit Mandelsplittern bestreuen. Noch einmal kurz in den Ofen schieben, bis die Mandelsplitter leicht braun sind.

Teegebäck

Zutaten:
250 g frischgemahlener Dinkel
180 g Butter
60 g Honig
2 Eigelb
Abrieb von 1 Zitrone

Für das Blech: Backpapier

Zubereitungszeit: 20 Minuten

Backzeit: 15 Minuten bei 180° C

Zubereitung:
Aus dem Dinkel, der Butter, dem Honig, den Eigelb und dem Zitronenabrieb einen Teig kneten. Diesen 1 Stunde im Kühlschrank ruhen lassen.
Den Teig ausrollen und runde Plätzchen ausstechen. Diese auf ein mit Backpapier ausgelegtes Blech setzen und auf der mittleren Schiene bei 180° C 15 Minuten backen.

Für die Füllung: Honigmarmelade, Rezept Seite 11

Die Hälfte der Plätzchen mit Honigmarmelade bestreichen, die restlichen Plätzchen daraufsetzen.

Teinacher Osterrollen

Zutaten:
250 g Butter
100 g Honig
2 Eigelb
400 g frischgemahlener Dinkel
400 g Honigmarzipan
4 Schnapsgläser Cointreau

Für das Blech:	Backpapier
Zum Bestreichen:	2 Eigelb
Zum Garnieren:	geviertelte Belegkirschen abgezogene Mandelhälften
Zubereitungszeit:	Teig 10 Minuten, Gesamtherstellungszeit 20 Minuten
Backzeit:	20 Minuten bei 180° C

Zubereitung:
Die Butter mit dem Honig und den Eigelb cremig rühren und mit dem Dinkel zu einem Teig verkneten. Diesen 2 Stunden im Kühlschrank ruhen lassen.
Den Teig, auf einer mit Dinkel bestreuten Fläche 5 mm dick zu einer Platte von 25 cm x 40 cm ausrollen. Das Honigmarzipan mit dem Cointreau zu einer streichfähigen Masse verrühren, auf die Teigplatte streichen.
Die Teigplatte von der Längsseite her aufrollen und in 3 cm dicke Scheiben schneiden.
Die Scheiben hochkant in großem Abstand auf ein mit Backpapier ausgelegtes Blech setzen.
Die Oberfläche mit Eigelb bestreichen, in die Mitte eine geviertelte Belegkirsche und rechts und links davon eine Mandelhälfte setzen. Auf der mittleren Schiene bei 180° C ca. 20 Minuten backen.

Zitronenschnitten

Zutaten:
4 Eier
250 g Honig
300 g zerlassene Butter
200 g frischgemahlener Dinkel
200 g frischgemahlener Naturreis
1 Teel. Backpulver

Für den Guß: Zitronen-Honigmasse

Für das Blech: Backpapier

Zubereitungszeit: 20 Minuten

Backzeit: 20 Minuten bei 160° C

Zubereitung:
Die Eier mit dem Honig cremig schlagen.
Die Butter, den Dinkel, den Reis und das Backpulver unter die Eier-Honigcreme mengen.
Den Teig auf ein mit Backpapier ausgelegtes Blech streichen und auf der mittleren Schiene bei 160° C ca. 20 Minuten backen.

Für den Guß:
200 g Honig
Abrieb von 2 Zitronen
200 ml Zitronensaft

Für den Guß den Honig mit Zitronenabrieb und Saft verrühren.
Den Zitronenhonigguß über den Kuchen gießen und diesen in Vierecke schneiden.

Rezepte von Alexanderkuchen bis Zitronenschnitten

Alexanderkuchen 70
Ananastorte 31
Apfeltorte 12
Apfelecken, französisch 75
Apfeltorte, Teinacher 56

Bananenbrot 16
Birnentörtchen 73
Biskuit-Rolle 58
Bonitztorte 34

Dinkelbrötchen 28
Dinkelbrot 17

Eistorte 36
Erdbeerecken, italienisch 78

Fladenbrot 18

Geburtstagskuchen 86

Hausfreund 76
Himbeereistorte 37
Hirse-Teegebäck 77
Honigmarmelade 11
Honigmarzipan 11

Käseschnecken 30
Kaffeetorte 38
Kiwitorte 40
Knäckebrot 19
Kümmelküchlein, baltisch 27

Mandelkuchen 62
Mandel-Teegebäck 79
Mangotorte 41
Mohntorte 42

Orangentorte, Schweizer 50
Osterkuchen 63
Osterrolle, Teinacher 92

Pariser Brot, Sonnenschlößchen Art 22
Petras Apfelkuchen 64

Rokokoküchlein 82
Rote Bete Torte 47

Safrankuchen 65
Sahneplätzchen, baltisch 71
Schichtschnitten 83
Schokoladen-Kirsch-Torte 46
Schokoladenkuchen 67
Schokoladenkuchen, klein, gefüllt 84
Schwäne 86
Schwarze Johannisbeer-Schnitten 90
Schweizer Orangentorte 50
Scones 29
Sonnenschlößchen-Festtagsfrühstückstorte 51
Stachelbeertorte 55

Teegebäck 91
Teegebäck mit Hirse 77
Teegebäck mit Mandeln 79
Teinacher Apfeltorte 56
Teinacher Osterrolle 92
Toast 23

Überraschungsplätzchen 72

Weizen-Roggenbrot 26

Zitronenschnitten 93